W0349419

Le Méga quiz de ma soirée blagues

Textes :

Michèle Lecreux

et

Clémence Roux de Luze

Illustrations :

Pacotine

LAROUSSE

Le Méga quiz de ma soirée blagues

est composé d'un plateau de jeu avec aiguille, d'un sablier et de 100 cartes, comportant chacune une ou deux questions ainsi que la page du livre à laquelle se reporter pour connaître les bonnes réponses.

Les cartes sont réparties en 7 catégories :

- Charades *hallucinantes*
- Devinettes *décoiffantes*
- Défis *diffichiles*
- Énigmes *infernales*
- Rébus *farfelus*
- Mimes *à gogo*
- Dessins *mystères*

Le livret que vous tenez entre les mains comporte les règles du jeu, les réponses aux questions et… des blagues à gogo !

Le Méga quiz de ma soirée blagues

LAROUSSE

Direction de la publication :
Isabelle Jeuge-Maynart et Ghislaine Stora
Direction éditoriale : Florence Pierron-Boursot
et Stéphanie Auvergnat
Édition : Marie-Claude Avignon
Responsable artistique : Laurent Carré
Mise en pages : Sylvie Fécamp
Révision rédactionnelle : Anne Caneparo
Fabrication : Jenny Vallée
Photogravure : Irilys

21, rue du Montparnasse, 75006 Paris

ISBN : 301-0-00-005315-6
Imprimé en RPC
Dépôt légal : octobre 2015
316560-01/11030763-juin 2015

Crédits :
Partie Charades : © microvector / Shutterstock.com
Partie Devinettes : ©Lightkite / Shutterstock.com
Partie Défis : ©Meeko / Shutterstock.com
Partie Énigmes : ©solarseven / Shutterstock.com
Partie Rébus : ©Pixel Embargo / Shutterstock.com
Partie Mimes : ©Elenapro / Shutterstock.com
Partie Dessins : ©Sashatigar/ Shutterstock.com

Conforme à la loi n° 49-956 du 16 juillet 1949
sur les publications destinées à la jeunesse.

Une fabuleuse histoire

Une fabuleuse histoire

Carte 87

❶ La guerre fut suspendue.

Pelé était une telle star mondiale que, lors du match amical de son club Santos FC à Lagos, au Nigeria, la guerre civile qui sévissait dans le nord du pays fut suspendue : les soldats des 2 camps décidèrent d'arrêter les combats pour 48 heures afin de regarder la rencontre.

Carte 88

❸ Pour faire soigner son fils.

Pour pouvoir séjourner aux États-Unis, Romário avait besoin d'un visa de travail. Il signa un contrat de quelques mois avec le Miami FC. D'avril à septembre 2006, il marqua 19 buts en 25 matchs puis il retourna au Brésil avec son fils en pleine forme !

Une fabuleuse histoire

Carte 89

❸ Vendre sa console de jeux.

À 15 ans, Dante Bonfim rata les tests pour devenir footballeur professionnel. Mais, persuadé de ses qualités, il décida de se rendre au club de la Juventude pour faire un dernier essai, et vendit sa console et tous ses jeux pour s'acheter le billet de train ! Dante réussit le test et signa son premier contrat professionnel.

Une fabuleuse histoire

Carte 90

❷ Kevin-Prince et Jérôme Boateng.

Les 2 joueurs sont en réalité demi-frères : ils ont le même père, mais une mère différente. Ils sont tous 2 nés en Allemagne (Kevin-Prince en 1987, et Jérôme en 1988) et ont la double nationalité allemande et ghanéenne. À 2 reprises, les demi-frères se sont affrontés, jouant chacun pour une équipe différente (Kevin-Prince pour le Ghana, Jérôme pour l'Allemagne) : lors de la Coupe du monde en 2010 (victoire 1-0 de l'Allemagne) et lors de la Coupe du monde en 2014 (match nul 2-2).

Une fabuleuse histoire

Carte 91

2 Il visait volontairement le mur.

Ronald Koeman était le meilleur tireur de coup franc au monde. Ce génial milieu de terrain, à la frappe très puissante, avait mis au point une stratégie pour perturber ses adversaires. Lors de chaque 1er coup franc du match, il visait volontairement les joueurs du mur, en frappant de toutes ses forces, afin de les rendre plus craintifs pour le reste de la rencontre. Koeman offrit la Ligue des champions au FC Barcelone en 1992 (1-0) grâce à un but marqué... sur coup franc !

Carte 92

Salvador Dalí.

En 1977, Salvador Dalí vint en aide au club de Sant Andreu, au bord de la faillite, en lui offrant un tableau original (intitulé « Gol ! »). Ce cadeau providentiel fut vendu aux enchères et permit au club barcelonais de retrouver une santé financière. Lorsqu'un journaliste demanda au peintre pourquoi il avait fait ce geste, il répondit avec humour : « Si je m'appelle Salvador (sauveur en français), c'est pour quelque chose ! »

Une fabuleuse histoire

Carte 93

❸ Il a terminé aux 3 premières places de la Coupe du monde.

Le légendaire défenseur italien Franco Baresi, icône du grand Milan AC, est le seul joueur au monde à avoir terminé aux 3 premières places en Coupe du monde (1re place en 1982, 2e en 1994 et 3e en 1990). Ce grand joueur mit fin à sa carrière en 1997. Pour lui rendre hommage, le Milan AC décida de ne plus jamais attribuer son numéro 6 !

Une fabuleuse histoire

Carte 94

1 Il a inscrit le but le plus lointain de l'histoire.

En 2014, alors qu'il évoluait à Stoke City, Asmir Begović est entré dans le livre *Guinness des records* en inscrivant le but le plus lointain de l'histoire du football : 91,9 mètres ! Il réussit cette prouesse alors qu'il voulait simplement dégager le ballon. Une rafale de vent poussa la balle qui trompa le gardien adverse, le pauvre Artur Boruc (Southampton). De plus, ce but ne fut marqué qu'après 13 secondes de jeu !

Une fabuleuse histoire

Carte 95

❸ Il ne pouvait pas grandir.

Sans l'aide du FC Barcelone, qui a financé son traitement (900 € par mois), Lionel Messi n'aurait mesuré que 1,50 mètre et aurait sûrement connu une carrière beaucoup moins prestigieuse.

Une fabuleuse histoire

Carte 96

❶ En blanc avec des rayures vertes.

Les Français furent contraints de changer de maillot car les Hongrois avaient un maillot de la même couleur. Juste avant le coup d'envoi, le responsable des équipements partit acheter des maillots ! Le match put finalement débuter avec 45 minutes de retard.

Une fabuleuse histoire

Carte 97

Dans la boue.

Lors de la rencontre Brésil-Pologne, en 8e de finale, un violent orage transforma le terrain en champ de boue. Juste avant d'offrir le but de la victoire, le Brésilien Leônidas da Silva perdit sa chaussure. Il trempa discrètement son pied dans la boue pour feindre de l'avoir encore. L'arbitre ne remarqua rien et valida le but !

Une fabuleuse histoire

Carte 98

❶ Terminer le tournoi sans encaisser le moindre but.

Après le match nul contre la France (0-0) et les victoires contre le Togo (2-0) et la Corée du Sud (2-0), les Suisses ont été éliminés en 1/8e de finale par l'Ukraine lors de la séance des tirs au but, après un match nul (0-0) !

Une fabuleuse histoire

Carte 99

Il n'avait qu'une main.

Héctor Castro avait perdu sa main droite à l'âge de 13 ans en utilisant une scie électrique. Ce handicap ne l'empêcha pas de devenir un joueur de très haut niveau et de remporter la Coupe du monde en 1930. Il était d'ailleurs le chouchou des supporters de l'Uruguay qui le surnommaient « le divin manchot ».

Carte 100

Un chien.

La magnifique coupe fut volée par de mystérieux individus. C'est finalement un chien nommé Pickels qui retrouva le trophée par hasard derrière un buisson lors d'une promenade avec son maître dans un parc de Londres.

Sommaire

Règles du jeu . . . . .p. 6

Charades hallucinantes

Réponses aux cartes 1 à 15 . . . . .p. 13

Devinettes décoiffantes

Réponses aux cartes 16 à 30 . . . . .p. 31

Défis diffichiles

Blagues bonus des cartes 31 à 44 . . .p. 49

Énigmes infernales

Réponses aux cartes 45 à 58 . . . . .p. 65

Rébus farfelus

Réponses aux cartes 59 à 72 . . . . .p. 81

Mimes à gogo

Blagues bonus des cartes 73 à 86 . . .p. 97

Dessins mystères

Réponses aux cartes 87 à 100 . . . . p. 113

Règles du jeu

Nombre de joueurs : 2 à 5

Âge : à partir de 8 ans

But du jeu

Se débarrasser de toutes ses cartes et cumuler un maximum de points.

Le jeu

Chaque joueur pioche une carte dans chacune des 7 catégories, et place ses 7 cartes devant lui, face contre la table. Le joueur le plus jeune joue le premier. Il retourne une de ses cartes, au choix. Il annonce s'il s'agit d'une carte SOLO ou DÉFI, puis il lit à haute voix la ou les questions qui figurent sur la carte.

- S'il s'agit d'une **carte SOLO**, le joueur est le seul à avoir le droit d'y répondre. Après avoir répondu, il indique à quelle page du livre se trouve la bonne réponse. Un autre joueur consulte le livre pour vérifier la réponse* donnée.

* Il n'y a pas de réponses dans les parties *Défis diffichiles* et *Mimes à gogo*. Le livret propose plein de blagues à la place !

★ **Si sa réponse est juste**, le joueur conserve la carte dans un tas devant lui, appelé sa « cagnotte ».

★ **Si sa réponse est fausse**, il pose sa carte au milieu dans un tas commun à tous les joueurs appelé la « poubelle ». Puis il prend le plateau de jeu et fait tourner l'aiguille pour piocher une nouvelle carte dans la catégorie indiquée (faire tourner de nouveau l'aiguille s'il ne reste plus de cartes de la catégorie). Il la place devant lui, face contre la table, avec ses autres cartes.

C'est ensuite au joueur situé à sa gauche de retourner une carte et de jouer.

★ Si la carte comporte deux questions, le joueur gagne s'il parvient à répondre juste à au moins une des deux questions.

★ Attention, le sablier doit être retourné dès que le joueur a fini de lire la question. Si, durant les 30 secondes, le joueur n'a pas répondu, il pioche une nouvelle carte de la catégorie indiquée par l'aiguille.

● S'il s'agit d'une **carte DÉFI**, tous les joueurs ont le droit de répondre.

Attention ! Il est interdit de répondre tant que la question n'a pas été lue en entier et le sablier retourné. Si un joueur répond trop vite, il pioche une autre carte de la catégorie indiquée par l'aiguille.

★ Si le joueur qui répond le premier donne **la bonne réponse**, il remporte la carte DÉFI, qu'il conserve dans sa cagnotte.

★ Si le joueur qui répond le premier donne **une mauvaise réponse**, il pose la carte DÉFI dans la poubelle et pioche une autre carte de la catégorie indiquée par l'aiguille.

Il place cette carte devant lui, face contre la table, avec ses autres cartes.

★ Si la carte comporte deux questions, le joueur gagne s'il parvient à répondre juste à au moins une des deux questions.

C'est ensuite au joueur qui a remporté la carte DÉFI de jouer.

Plusieurs joueurs répondent en même temps :

★ S'ils sont plusieurs à donner en même temps la bonne réponse, aucun d'eux ne remporte la carte, qui est placée dans la poubelle. C'est alors au joueur situé à la gauche du joueur qui a retourné la carte DÉFI de jouer.

★ Si certains joueurs ont donné de mauvaises réponses, ils piochent chacun une carte de la même catégorie (s'il en reste, sinon d'une catégorie indiquée par l'aiguille après l'avoir fait tourner).

★ Si aucun joueur n'a pu répondre en 30 secondes, chacun pioche une nouvelle carte de la catégorie indiquée par l'aiguille.

Fin de la partie

Le jeu se termine lorsque l'un des joueurs n'a plus aucune carte devant lui. Chaque joueur compte alors le nombre de points qu'il a accumulés dans sa cagnotte : chaque carte SOLO a une valeur de 1 point, tandis que chaque carte DÉFI a une valeur de 2 points.

★ Si le joueur qui s'est débarrassé de toutes ses cartes a le plus de points, c'est lui qui a gagné.

★ Si ce n'est pas lui qui a le plus de points, il a la possibilité de répondre à toutes les cartes pas encore retournées (SOLO et DÉFI) du joueur de son choix, pour augmenter son score. Le joueur choisi lui pose alors, une par une, les questions des cartes qui lui restent.

Attention ! Le joueur qui s'est débarrassé de ses cartes est le seul à avoir le droit de répondre aux questions, même si ce sont des cartes DÉFI ! Il ajoute ensuite à sa cagnotte les cartes auxquelles il a répondu juste et jette à la poubelle celles auxquelles il a mal répondu.

Enfin, il calcule son nouveau score et le compare à celui des autres joueurs.

Cette fois-ci, c'est le joueur qui a le plus grand score qui remporte la partie.

PAFFF
BANG
BOOM

Charades
hallucinantes

Carte 1

Chasse au trésor

(Chat – sot – 13 – or).

Carte 2

Tarte au citron

(Tard – tôt – si – tronc).

Carte 3

Charlotte au chocolat

(char – lotte – eau – choc – ola).

Carte 4

Ordinateur

(Or – dix – natte – heure).

Carte 5

Libellule

(Lit – belle – U – le).

Carte 6

Téléphérique

(Tél – hé – fée – riz – queue).

Carte 7

Anakin

(Anne – A – qui – nœud).

Carte 8

Gigantesque

(J – gant – Tess – queue).

Carte 9

Les gendarmes et les voleurs

(Laid – Jean – dard – mai – lève – O – l'heure).

Carte 10

Orang-outan

(Or – an – houx – temps).

Carte 11

Jeux Olympiques

(Je – eau – lin – pique).

Carte 12

La galette des rois

(La – gars - let – dé – roue – A).

Carte 13

Bonne année !

(Bonne – âne – et).

Carte 14

Pharmacienne

(Phare – mât – scie – haine).

Carte 15

Barbe à papa

(Bar - bas – pape – A).

BANG
BOOM!!!

Devinettes

décoiffantes

Carte 16

L'Aube.

La dent.

Carte 17

La salade César.

Le coucou, car il dit toujours bonjour.

Carte 18

L'ail, qui a toujours mal quelque part.

La digitale, car elle laisse ses empreintes un peu partout.

Carte 19

La nuit.

La pensée.

Devinettes
décoiffantes

Carte 20

Colin
(Colle un timbre sur l'enveloppe !).

Sheila
(C'est (ch'est) la même chose !).

Carte 21

La lettre D.

L'ananas
(la nana).

Carte 22

Sur un manège !

L'Hérault
(héros).

Carte 23

Gérard
(J'ai rarement vu ça).

Olaf
(Oh la frimeuse !).

Carte 24

(Emma aime Hervé.)

Dormir en chien de fusil.

Carte 25

Le charme.

Le pin
(le pain).

Carte 26

Le gendarme.

Un seul, car dès qu'il y en a un l'ascenseur n'est plus vide.

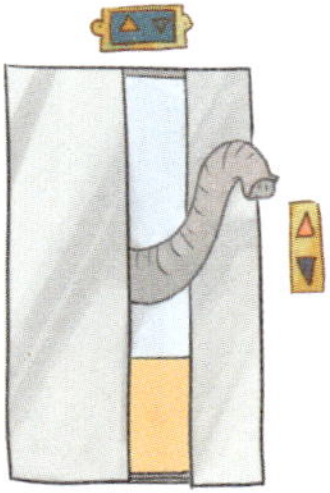

Carte 27

Simon

(Si mon père savait ça !).

Élie

(Hélicoptère).

Carte 28

F.A.C
(effacées).

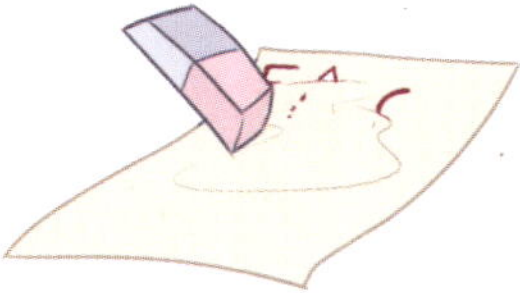

Le bourdon.

Carte 29

Sam

(Ça m'étonne !).

Lorie

(L'origan).

Carte 30

Aude
(Audacieux).

Larry
(La rigolade).

~~Défis diffichiles~~

Blagues bonus

Carte 31

Drague sous-marine

Un cachalot rencontre une baleine dans l'océan et lui fait les yeux doux. Il nage un moment à ses côtés et lui dit en rougissant :

– Tu veux jouer à cache-cache à l'eau avec moi ?

Shopping

Un crabe boucher voit un de ses amis crabes entrer dans sa boutique. Il lui demande :

– Alors, qu'est-ce que je te sers aujourd'hui ?

– Serre-moi donc la pince.

Carte 32

Mauvaise adresse

Un client fait venir le directeur du restaurant :

– Vos nappes sont vraiment sales. Quand les avez-vous changées pour la dernière fois ?

– Je ne sais pas, monsieur, j'ai acheté le restaurant il y a seulement six mois…

Vexé

– Pourquoi tu pleures ? demande Kévin à son copain.

– Parce que je regardais papa qui bricolait quand, soudain, il s'est tapé sur les doigts avec un gros marteau…

– Oui, mais moi, ça m'aurait plutôt fait rire.

– Justement, c'est ce que j'ai fait…

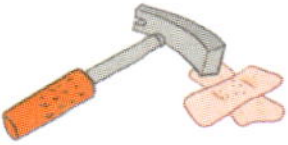

Carte 33

Éducation

Deux mamans éléphantes discutent à la sortie de l'école.

– Mon petit a été renvoyé du cours de gymnastique.

– Le mien, du cours d'informatique.

– Pourquoi ?

– Il ne voulait pas travailler sur l'ordinateur ; il a trop peur des souris !

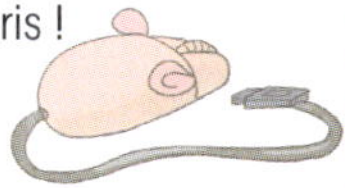

Entre hommes

Deux taureaux discutent dans un pré.

– Alors, ça va la famille ?

– Les enfants, oui, mais ma femme, qu'est-ce qu'elle est vache !

Carte 34

L'opéra

Un grand-père emmène son petit-fils à l'opéra.

– Grand-père, pourquoi ce monsieur fait peur à la dame avec ses grands gestes ?

– C'est le chef d'orchestre, il ne lui fait pas peur.

– Mais si, tu vois bien que la dame crie.

À l'école

La maîtresse demande à Sonia :

– Qu'as-tu fait pendant les vacances ?

– Oh pas grand-chose. Pas de quoi faire une rédaction…

Carte 35

Les devoirs

Jérémie regarde passer une étoile filante dans le ciel et fait un vœu.

– J'espère qu'il va se réaliser, sinon je vais avoir une mauvaise note en histoire-géo.

– Pourquoi, quel est ton vœu ? demande sa petite sœur.

– Que New York devienne la capitale des États-Unis avant que la maîtresse ne regarde les copies.

Amitié

En sortant de la classe, Kad dit à Émilie :

– J'ai rendu feuille blanche au contrôle.

– Moi aussi ! Le professeur va croire qu'on a copié !

Blagues
bonus

Carte 36

Au zoo

Un papa se promène au zoo avec son fils.

– C'est important d'être bon avec les animaux, explique-t-il.

– C'est sûr, il ne faut pas les traiter comme des bêtes.

Grosse activité

Une maman demande à son fils :

– Que fais-tu ?

– Rien, maman !

– Et ton frère ?

– Oh lui, il m'aide !

Carte 37

Au parc

Deux jeunes mères discutent au parc :

– Mon bébé marche depuis six mois, dit l'une toute fière.

– C'est vrai ? Il doit être loin maintenant !

Conjugaison

Le père de Simon lui fait réciter ses devoirs. Il doit conjuguer le verbe « marcher » au présent.

– Je marche… tu marches… il marche…

– Accélère, Simon, s'impatiente son père.

– Nous courons, vous courez, ils courent.

Carte 38

Stop école !

Sur le chemin de l'école, Anna et Zoé s'arrêtent devant un panneau « Ralentir, école ».

– C'est bizarre quand même ce panneau, dit l'une, on ne va tout de même pas y aller en courant !

Ambition

Un maître conclut son cours de français en disant :

– Et n'oubliez pas que nous sommes sur terre pour travailler.

– Eh bien moi, plus tard, je serai astronaute, dit un élève.

Carte 39

Exploit

Anatole se précipite dans le salon tout fier :

– J'ai réussi à faire en dix jours un puzzle sur lequel était marqué « de 4 à 6 ans ».

Un beau cadeau

Impatient, Marcus demande à son père ce qu'il lui a acheté pour son anniversaire.

– Tu vois le VTT rouge posé le long du mur, là-bas ?

– Oui, dit Marcus tout excité.

– Je t'ai acheté des billes de la même couleur.

Carte 40

Généreux !

Nathan joue avec son grand frère Phil.

– Si tu me dis combien j'ai de bonbons dans les mains, je te les donne tous les deux.

– Tu en as deux !

– Qui te l'a dit ?

Cuisine

Deux boulangers discutent ensemble.

– Quelle est ta recette du mille-feuille ?

– Demande à ma photocopieuse.

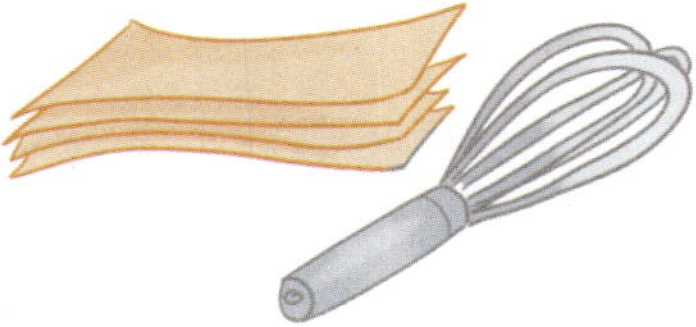

Carte 41

Londres

À Londres, un fou monte au deuxième étage d'un autobus. Il redescend à toute vitesse et s'installe en bas.

– Ouf, heureusement qu'il y a de la place ici, parce qu'en haut il n'y a pas de chauffeur !

Dialogue de sourds

Un fou s'installe dans le train avec une carotte dans l'oreille.

– Monsieur, vous avez une carotte dans l'oreille, lui dit un passager.

– Comment ?

– Vous avez une carotte dans l'oreille !

– Parlez plus fort, j'ai une carotte dans l'oreille !

Carte 42

L'océan

Une petite vague est amoureuse du vent. Il lui demande :

– Tu veux que je te fasse un ouragan ou une tempête ?

– Non, j'aimerais bien juste une petite bise.

La pianiste

Un accordeur de piano sonne à la porte de madame Azar :

– Mais je ne vous ai jamais demandé de venir...

– Vous non, mais vos voisins, oui...

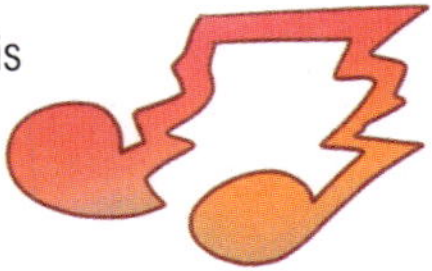

Carte 43

Au restaurant

Un client du restaurant interpelle un serveur :

– Que fait cette mouche dans ma glace ?

– Elle aime les sports d'hiver, monsieur.

1, 2, 3

Deux squelettes sont en haut d'un immeuble :

– Allez, on saute ?

– Tu es fou, je tiens à ma peau !

Carte 44

Vaisselle

Un bol et une tasse discutent au-dessus de l'évier.

– Je n'ai pas très envie de plonger, à chaque fois, je bois la tasse.

– C'est vrai, tu n'as pas de bol.

Chez le docteur

Un fou va chez le docteur :

– Docteur, ça ne va pas du tout, tout le monde me prend pour une patate.

– Épluchez-vous, on va regarder.

Énigmes
infernales

Carte 45

Elles sont huit à se partager le gâteau : Jade et ses sept amies. Pour couper un gâteau en huit parts, elle n'a besoin de le découper qu'en quatre fois. Il lui faudra donc seulement 40 secondes (4 x 10 secondes) pour découper le dessert, et pas 80 secondes. Heureusement, car elles sont très gourmandes...

Carte 46

**Ils ne sont que trois
et pourtant il faut couper
huit parts. Si chacun découpe
le gâteau de la même manière,
il n'y aura que six parts.
Le premier découpe
le dessert en deux parts,
le deuxième coupe à son tour
l'ensemble, il y a donc quatre parts.
Et le dernier découpe
tout le gâteau à l'horizontale.
Il y a bien huit parts.**

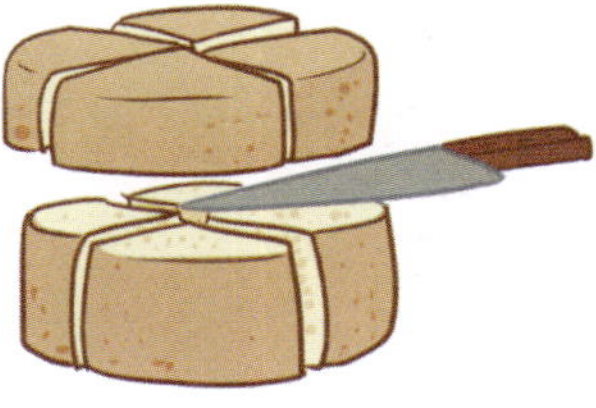

Carte 47

Walid écrira vingt fois le chiffre 9 : neuf fois de 1 à 89 et onze fois de 90 à 99.

Carte 48

**Aucun des deux.
Qu'ils prennent le bus de
10 h 05 ou celui de 10 h 30,
ils passeront le même temps
dans les transports :
90 minutes sont égales
à 1 heure et 30 minutes.**

Carte 49

**Tape les mêmes chiffres
que Louis sur ta calculette
et tu devrais deviner.
Toujours pas ?
Alors, retourne-la
et le prénom s'affiche : ELISE.
Mais ne le dis à personne.**

Carte 50

**Il sera 10 heures
et 59 secondes (et non 10 h 01).
Il faut commencer à compter
dès 10 heures et pas à 10 heures
et 1 seconde.
En tout cas, il est temps
d'appeler un plombier !**

Carte 51

**L'allumette, bien sûr !
Sinon, elle ne pourra ni allumer
la bougie, ni mettre
en route la cheminée...**

Carte 52

Il lui reste toujours 7 crabes, même si seulement 6 crabes ont encore toutes leurs pattes et pinces.

Carte 53

Maëlle aura 42 ans et pas 24 ans, car l'écart d'âge ne change pas. Yannis aura 48 ans (12 x 4) et Maëlle, 6 ans de moins que lui, comme aujourd'hui.

Carte 54

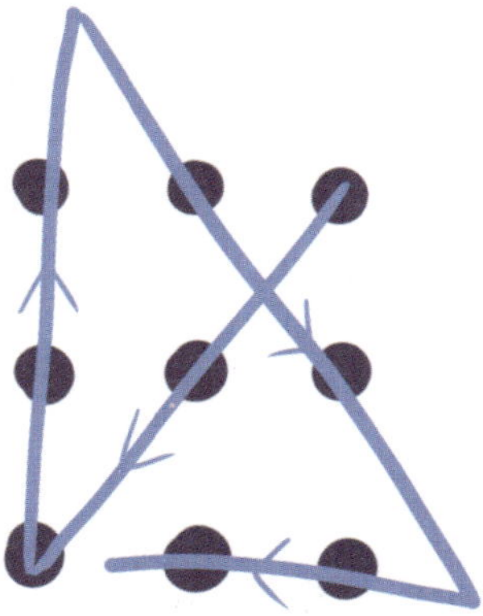

Carte 55

**On peut imaginer
que c'est une pie, elle a pu
donc facilement s'enfuir
par la fenêtre.
Ou, si c'est une femme,
qu'elle s'est enfuie
du rez-de-chaussée
de cet immeuble.
Rien ne dit
qu'elle cambriolait
le dixième étage.**

Carte 56

**Il lui faut six jours
pour atteindre son but.
Le matin du sixième jour,
elle a parcouru 10 mètres
de hauteur (elle progresse de
2 mètres par 24 heures).
Comme elle grimpe
de 4 mètres la journée,
elle sera en haut du mur
le soir du sixième jour. Ouf !**

Carte 57

Attention, nous avons écrit 6 plus 6 et non (6 plus 6). Il faut donc trouver la moitié de 6, et lui ajouter 6. La réponse est 9 car la moitié de 6 est 3, et 3 + 6 = 9.

On ne peut soustraire qu'une seule fois 10 de 100. Ensuite, il faut soustraire 10 de 90, etc.

Énigmes
infernales

Carte 58

Il y a le grand-père (qui est aussi un père), le père (qui est à la fois père et fils) et le fils (qui n'est que fils pour l'instant).

Rébus
farfelus

Carte 59

L'éléphant a deux défenses en ivoire

(L'aile, haie, faon, A 2, dé, faon, 100, nid, VOIR).

Carte 60

Le lion porte une belle crinière

(L'œufs, lit, ON, porte, U, nœud, B'aile, K'riz, nid, R).

Carte 61

Les tigres et les zèbres ont des rayures

(Lait, TI, GRRR, ré, lait, Z'haie, B'rond, dé, raie, YUR).

Carte 62

Les hippopotames sont gras mais ils peuvent courir

(Lait, ZI, pot, pot, TA, MEUH, SON, G'rat, M'haie, Z'île, P'œufs, VE, cou, rire).

Carte 63

C'est vrai que les taupes n'y voient rien

(Sève, raie, queue, l'étau, P'œufs, nid, voie, riz, 1).

Carte 64

Les pies volent tout ce qu'elles voient

(L'épi, veau, L'œufs, T'houx, C'œufs, K'aile, V'oie).

Carte 65

La souris est un minuscule animal
(L'as, houx, riz, haie, TUN, mine, US, Q, la, nid, malle).

Carte 66

La fourmi rouge est dangereuse car elle pique

(La, four, mie, roue, jeu, haie, dent, jeu, REU, Z'œufs, car, aile, pie, queue).

Carte 67

J'aime mieux six papillons que trois chenilles

(G, M'œufs, mie, yeux, scie, pas, pis, YON, queue, T'roi, CH'œufs, nid, yeux).

Carte 68

Les chats maudissent les souris qui boivent leur lait

(Lait, chameau, 10, lait sous riz, KI, bois, V'œufs, L'heure, L'haie).

Carte 69

Tous les pandas dévorent beaucoup de feuilles de bambou

(T'houx, lait, paon, DA, dé, veau, R'œufs, B'eau, cou, 2, feu, yeux, 2, banc, boue).

Carte 70

Le renard a volé tous les œufs pondus par la poule

(LE, R'œufs, N'ara, veau, lait, T'houx, L'haie, Z'œufs, pont, DU, part, la, pou, L'œufs).

Rébus
farfelus

Carte 71

L'escargot et la vache sont des bêtes à cornes

(Laisse, car, GO, aile, AVA, CH'œufs, – SON, dé, baies, TA, cor, nœud).

Carte 72

L'aspic, la vipère, et le cobra sont des serpents venimeux

(L'as, pic, lave, l, paire, aile, œufs, KO, bras, SON, dé, cerf, paon, V'œufs, nid, meuh).

Précision :
l'aspic est une espèce de vipère

~~Mimes~~

~~à gogo~~

Blagues bonus

Carte 73

Le papillon savant

C'était un papillon aussi sage qu'un philosophe. La preuve ? Il choisissait toujours avec soin les fleurs qu'il visitait et ne se posait que sur les pensées.

Point commun

Les rennes, les troncs et les zoos ont en commun le chiffre 6. La preuve ? On dit « des sirènes », « des citrons » et « des ciseaux ».

Carte 74

Camouflage

Les zèbres détestent aller au supermarché, car les caissières les prennent toujours pour des codes-barres…

Orthographe

« Banane », ça commence par un B, mais normalement, ça commence par un N.

– N'importe quoi !

– Si, si, « normalement », ça commence bien par un N…

Carte 75

Un malentendu

Le gardien du zoo est très énervé, tous les éléphants se mettent à courir chaque fois qu'une biche appelle ses petits. Pourtant, elle dit : « Hé ! les faons ! »…

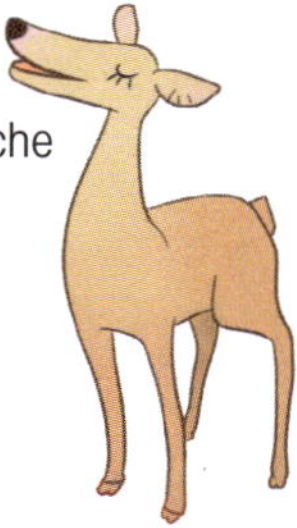

Quelle patate !

On sait qu'une chips est malade quand elle dit qu'elle n'a pas la frite !

Carte 76

Logique

Sais-tu pourquoi les oiseaux migrateurs volent vers le sud quand vient l'hiver ?
C'est parce que c'est bien trop loin pour y aller à pied…

En famille

Sais-tu comment on appelle un oreiller fabriqué en Allemagne ?

– C'est un coussin germain.

Carte 77

Soulagement

Un petit serpent demande à sa maman :

– Est-ce que nous sommes venimeux ?

– Non, mon petit, répond sa maman, mais pourquoi me demandes-tu ça ?

– Parce que je me suis mordu la langue et que j'ai eu peur d'être empoisonné.

Un record

Un joueur de foot raconte à ses copains :

– Hier, j'ai réussi à faire rentrer 14 238 fois le ballon dans le but de l'équipe adverse !

– Mais ce n'est pas possible !

– Si, si, c'est possible, il suffit de venir s'entraîner sur le terrain avant l'arrivée des autres joueurs.

Blagues
bonus

Carte 78

Super-héros

Batman demande à Superman :

– Quand tu as appris à voler, qu'est-ce qui était le plus dur ?

– Les murs des immeubles !

Un économe

C'est un gars vraiment avare. Tiens, l'année dernière je l'ai surpris à décoller le papier peint de son salon. Je lui ai demandé s'il retapissait tout son appartement et il m'a répondu :

– Non, non, je déménage.

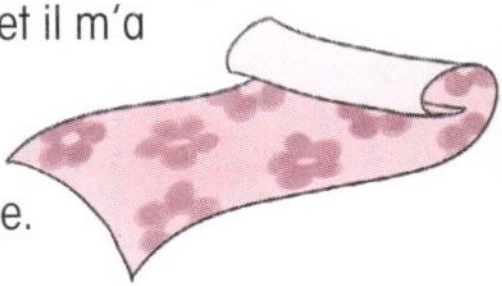

Carte 79

Catastrophe

Que peut-on craindre après une tornade ?

– Un vent pire !

Moyen Âge

Au Moyen Âge, les chevaliers vivaient dans toutes sortes de châteaux, mais ils n'approchaient jamais des châteaux d'eau, car ils avaient peur de faire rouiller leur armure.

Carte 80

Le nouveau

Je pense que notre nouveau voisin est coiffeur, parce que j'ai entendu maman dire qu'il rasait tout le monde et qu'il frisait la cinquantaine.

Sagesse

Un vieux proverbe chinois dit que si on tape sa tête contre une cruche et que ça sonne creux, il ne faut pas en déduire que seule la cruche est vide !

Carte 81

C'est très loin

La Chine est sans doute plus éloignée d'ici que la Lune puisque, tous les soirs, on peut voir la Lune mais on ne peut jamais voir la Chine...

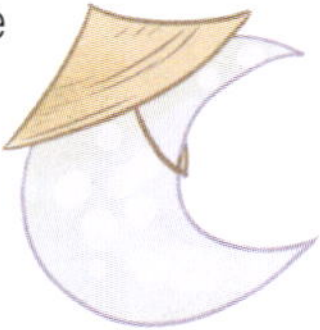

Glissade

Cet hiver, j'ai eu deux semaines de vacances : une semaine dans les Alpes, puis une semaine dans le plâtre...

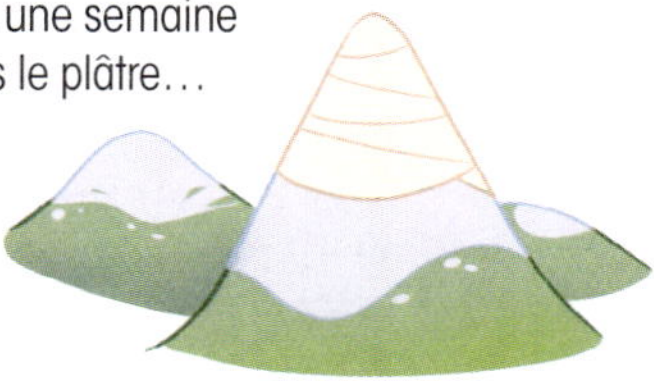

Carte 82

Drôle de famille

Ce n'est pas toujours facile de s'y retrouver dans les familles : moi, par exemple, mon père est maire et mon frère est masseur.

C'est mignon

Un tout petit garçon dit à sa maman :

– Cette nuit, j'ai fait un très beau rêve.

– Raconte-le-moi, dit sa maman.

– Ce n'est pas la peine, répond le petit, puisque tu étais dedans…

Carte 83

Les monstres

Un petit cyclope demande à son papa cyclope :

– Papa, pourquoi est-ce que nous n'avons qu'un œil ?

– Mais arrête de me poser toujours la même question, tu me casses l'oreille !

Coco a disparu

– Où est passé le perroquet ? Il n'est plus sur son perchoir.

– C'est étrange, il était encore là tout à l'heure ; mais, attends, tu m'inquiètes, il y a une minute, j'ai entendu parler le chat !

Carte 84

Changement de programme

– Toutes nos poules ont 40 °C de fièvre, annonce la fermière.

– C'est pas grave, répond le fermier, au lieu de vendre des œufs frais, on va vendre des œufs durs…

Le hasard

Toto est très surpris : il vient de voir sur les papiers de ses parents que son père est né à Marseille, et sa mère à Paris. Lui-même est né à Nantes, alors il se dit qu'il a fallu un sacré hasard pour qu'ils se rencontrent tous les trois !

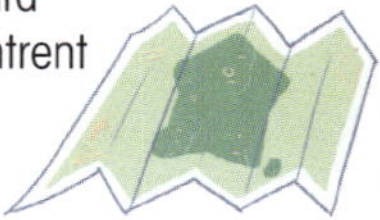

Carte 85

Saint-Valentin

– Qu'est-ce que tu vas offrir en cadeau à ta fiancée ?

– En cas d'eau ? Je lui offrirai un parapluie, bien sûr !

Gourmandise

Chez le boulanger, Lili admire un mille-feuille qui coûte 1,20 euro. Mais elle n'a que 60 centimes dans son porte-monnaie. Alors, elle demande à la vendeuse :

– Bonjour, madame, est-ce que vous pourriez me vendre un cinq cents feuilles, s'il vous plaît ?

Carte 86

Conjugaison

La maîtresse demande de conjuguer le verbe « savoir » à tous les temps.

Toto répond :

– je sais qu'il fait beau,
je sais qu'il pleut,
je sais qu'il fait froid,
je sais qu'il neige…

Carnaval

Lisa demande à sa maman :

– Tu pourrais me prêter une de tes robes ? Demain, à l'école, on fête Carnaval et il y a un concours pour élire celui qui aura trouvé le costume le plus ridicule !

Hpter
FX
35
EAMFR
Bokeh
EHiSTRP
AINGR
HPSiETR
FX
CMRAE
Hpter

Dessins
mystères

Dessins
mystères

Carte 87

Une tasse de café, vue du dessus.

Un cocktail, vu du dessus, avec une paille et une olive.

Dessins
mystères

Carte 88

Une souris qui s'en va, vue du dessus.

Un piano à queue, vu du dessus.

Dessins
mystères

Carte 89

Un Mexicain, vu du dessus avec son grand sombrero sur la tête, qui fait du kayak.

Quatre Mexicains, vus du dessus avec leur grand sombrero sur la tête, qui jouent aux quatre coins.

Carte 100

Quatre éléphants qui jouent au ballon.

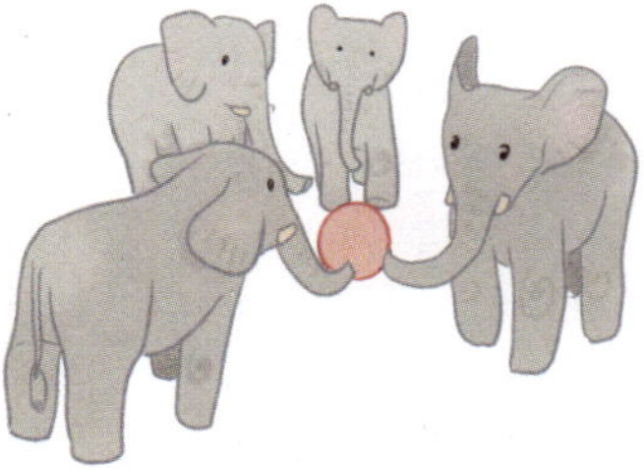

Cinq escargots qui font la course.

Hpter
FX
35
EAMFR
EHiSTRP
AINGR
HPSiETR
FX
CMRAE
Hpter